39A (5)

X 1266.
F.e.s.

# COURS

## PRATIQUE ET PROGRESSIF

### DE

# LECTURE ÉLÉMENTAIRE,

#### ou

Nouvelle Méthode pour apprendre à lire le français aux enfans et aux étrangers, par des procédés
*qui épargnent beaucoup de peine aux Maîtres, et
aplanissent toutes les difficultés pour les Élèves ;*

## Par D. A. F. COURTOIS.

---

## CINQUIÈME CLASSE.

Connaissance *successive* des consonnes doubles, telles que *ch*, *gn*,
*ph*, *rh*, *th*, etc. ; combinaison de ces consonnes avec toutes
les lettres ; lecture de mots, phrases et discours à mesure de
cette connaissance et de cette combinaison ; lecture courante sur
les mêmes consonnes.

## PARIS,

À LA LIBRAIRIE D'ÉDUCATION
D'Alexis EYMERY, rue Mazarine, n°. 30.

### 1816.

# AVIS.

CE serait peut-être en vain que nous aurions signalé les inconvé-
niens de l'épellation, si nous ne répondions pas à deux objections
qu'on ne manquera pas de nous faire.

La première, c'est que par son moyen un enfant peut parvenir
à retrouver de lui-même quelques syllabes difficiles, lorsqu'il n'est
pas encore suffisamment exercé à les saisir à la simple inspection.

Notre méthode a répondu d'avance à cette objection, puisque
chaque syllabe nouvelle s'y trouve si souvent répétée, qu'elle devient
bientôt familière aux élèves. D'ailleurs, s'il est démontré que la
dixième partie du temps que l'on sacrifie à cette épellation, est plus
que suffisante pour bien faire connaître la syllabe en la nommant
tout simplement, serons-nous encore assez obstinés pour préférer un
moyen détourné, long et pénible, à un moyen direct, bref et
facile? Le pis-aller sera donc d'en user à l'égard de ces syllabes,
comme on en use à l'égard des lettres; c'est-à-dire, de les rappeler
à l'enfant aussitôt qu'il hésite.

L'épellation a un autre avantage, dira-t-on; elle facilite l'orthographe. C'est ici la seconde objection; mais nous en nions formelle-
ment la vérité, et nous avons pour nous l'expérience générale des
siècles et des hommes. Depuis plusieurs centaines d'années que l'on
a constamment appris à lire aux enfans en épelant, s'en est-il trouvé
un seul qui ait été capable d'écrire de lui-même et *dès la première
fois* le mot le plus aisé? Nous disons que non; et si vous en
voulez la preuve, prenez un enfant qu'on ait fait scrupuleusement
épeler dans sa lecture; apprenez-lui à former isolément les vingt-
cinq lettres de l'alphabet, sans cependant lui faire jamais écrire de
syllabes; quand il sera suffisamment exercé à former ses lettres, dites-
lui d'écrire des mots, tels que ceux-ci : *papa*, *épi*, et vous verrez
qu'il ne sera pas en état de le faire du premier coup. A quoi donc a
servi l'épellation?

C'est en écrivant, et seulement en écrivant que l'on peut se
former à l'orthographe; et pour cela il faut copier avec beaucoup
d'attention, ou mieux encore écrire sous la dictée. Dans l'un et
l'autre cas il est également nécessaire de nommer les lettres les
unes après les autres; car l'opération de l'écriture diffère de celle
de la lecture, en ce que l'œil voit l'ensemble des lettres, tandis
que la main ne peut les tracer que les unes après les autres.

Si donc on veut enseigner à lire et à écrire en même temps, il faut
réserver l'épellation pour l'écriture seule. On peut même alors exercer à l'épellation des mots sans les écrire, mais seulement pour
disposer à les écrire. Au reste, quelque moyen que l'on emploie,
l'écriture sera toujours beaucoup plus longue que la lecture, à moins
que l'on ne veuille retarder tout exprès cette dernière.

che-val

ci-gne

# COURS PRATIQUE

## DE LECTURE ÉLÉMENTAIRE.

### CINQUIÈME CLASSE.

---

che    ch.

ch-a cha, ch-é ché, ch-i chi.
che, cha, ché, chi, cho, chu.

chat, cho-se, chi-ne, ca-ché, cra-
chat, ni-chée, ca-chet, che-net,
cho-qué, chu-te, prê-cher, cha-
grin, mar-cha, che-val, che-veux,
che-min, clo-cher, cho-colat, chu-
cho-ter, cha-rité, chi-cane,

chef, choc, char, char-les, char-
gé, cher-cher, char-mant, Mi-chel,
char-lotte, flé-chir, blan-chir, richard, rafraîchir, chez eux, chez
elle, réfléchit-il? catéchis-me.

Char-les est un enfant char-mant ; non-seulement il évite toutes les cho-ses qui pourraient donner du cha-grin à sa chère maman ; mais, pour répondre à son attachement, il recher-che encore avec cha-leur tout ce qui peut lui plaire et la char-mer ; c'est la même chose avec ses amis : il ne fait ni ne dit jamais rien qui puisse les cho-quer. Aussi char-les est-il ché-ri de cha-cun, et Monsieur Richard, son parrain, l'a mené au marché dimanche dernier, et lui a ache-té un superbe polichi-nelle qui a un beau panache à son cha-peau ; puis ensuite l'ayant con-duit dans son jardin, il a pris une échelle, est monté sur un pêcher, et a donné à char-les plein ses po-ches de pêches. Char-les, qui n'est

pas chiche de ce qu'il a , et qui n'es-
time les richesses que pour les partager, s'est dépêché de revenir chez
lui, et a donné à sa maman les plus
belles et les plus fraîches de ses
pêches ; ensuite il est allé cher-cher
son ami Michel et sa cousine char-
lotte , pour partager le restant avec
eux, et pour les faire jouer avec
son polichinelle.

Que dirons-nous maintenant du
petit chi-chet ? Oh ! c'est tout autre
chose ; il n'est pas , que je sache ,
d'enfant qui mérite plus de repro-
ches ; il n'est occupé qu'à faire des
niches, et à cher-cher chi-cane ; s'il
est à l'école, au lieu de s'attacher à
lire, il regarde les mou-ches voler
au plancher , ou bien il chu-chote
avec ses camarades.

# 6

gñe gñ.

gñ-a gña, gñ-é gñé, gñ-i gñi.
gñe, gña, gñé, gñi, gño, gñu.

Cigne, régna, gagné, peigne, signé, cognée, Agnès, baigné, indigné, igno-rance, vigno-ble, digni-té, rognu-re, renfrogné, migno-ne, compagnie, signi-fie, magna-nime, magni-fique, Charlemagne, enseigner, Igna-ce, mignardise, campagnard, rossignol, montagnard, désigner, Espagnol.

Le signe le plus sûr auquel on puisse reconnaître si un enfant est digne des peines que l'on prend pour son enseignement, c'est quand il s'efforce de gagner l'amitié de ses pa-

rens et de ses maîtres, en leur obéis-
sant gaiement au premier signal ;
mais on est indigné contre un enfant qui grogne, qui rechigne et
prend une mine renfrognée dès qu'il
est question d'étudier. Cela signi-
fie clairement qu'un pareil enfant
n'a pas honte de son insigne igno-
rance, ni d'être constamment dési-
gné comme un paresseux. Mais
que peut-il gagner à cette indigne
conduite? c'est qu'on ne daigne-ra
plus s'occuper de lui, et on le pri-
vera de la compagnie des autres
enfans, comme on séquestre les
animaux attaqués de la teigne ou
de la rogne, de crainte que la ma-
ladie n'atteigne les autres; c'est cependant ce qui va arriver au petit
Ignace que je signale ici.

La petite Agnès de Pigna-rolle, qui est venue passer l'automne à la campagne, a des manières tout-à-fait gentilles et mignonnes ; elle fait les délices de ses jeunes compagnes de village, qui ont tout à gagner dans son agréable compagnie ; elle ne dédaigne pas d'enseigner à lire et à écrire aux plus jeunes, ce qu'elles auraient peut-être toujours ignoré sans elle. Aussi le père de l'une d'elles a fait présent à la petite Agnès, en signe de reconnaissance, d'un joli rossignol renfermé dans une cage magnifique. Chose difficile, Agnès lui a appris à parler, et il vient souvent se placer sur son poignet, dès qu'Agnès lui fait signe, et il répète : Petit rossignol, petit ami d'Agnès.

# La Chèvre, le Chevreau, le Cygne et l'Homme qui pêche à la ligne.

## Fable.

Le chevreau ou cabri, car c'est la même chose, est le petit de la chèvre. Le cygne est un volatile magnifique, qui a toutes les plumes blanches comme de la neige, et le cou long comme celui d'une cigogne. Il passe la journée sur l'eau, où il se baigne tout à son aise. La nuit il vient coucher à terre.

Un chevreau che-minait de compagnie avec sa mère la chèvre, pour aller paître l'herbe à la campagne. En passant près d'un étang, il aperçut un cygne qui se promenait sur les eaux, et qui lui fit envie par

l'éclat de ses belles plumes blanches ;
car pour lui il était tacheté et mou-
che-té de diverses couleurs assez
communes. Dans son igno-rance ,
il crut bonnement que le cygne
avait acquis cette couleur magni-
fique à force de se baigner. Ainsi,
sans réfléchir davantage et sans faire
aucun signe à sa mère , qui conti-
nuait son chemin , il se jeta dans
l'eau pour laver les taches de sa
peau. Mais il eût infailliblement péri,
si, par un insigne bonheur , un
homme qui était occupé à pêcher à
la ligne, ne l'eût vu se débattre et
cher-cher à regagner le rivage. Cet
homme eut donc la cha-rité de lui
tendre une planche, sur laquelle le
chevreau grimpa, atteignit le rivage,
et par-là échappa à la mort.

La chèvre, qui s'était aperçue qu'elle n'était plus accompagnée de son che-vreau, le cher-cha long-temps; elle revint sur ses pas, et arriva comme il ache-vait de se sé-cher au soleil. Elle remercia le di-gne homme qui lui avait rendu un service si signa-lé; puis, s'adressant au chevreau, elle lui dit : « Cet » accident, mon cher fils, vous » enseigne assez la conduite que » vous devez tenir par la suite. » Le chevreau tout résigné la crut; et il attendit, pour agir de son chef, que l'âge l'eût guéri de son ignorance.

Mes chers enfans, c'est donc toujours là même chose; toujours une jeunesse ignorante et irréflé-chie qui va cher-cher les périls.

ch-an chan, ch-in chin.

Chant, champ, chien, cochon,
Fanchon, manchon, chan-gé,
marchand, chan-ter, cher-chons,
cham-bre, méchant, couchions,
pro-chain, bou-chon, mar-chant,
mar-chons, chan-delle, Autrichien,
Cochin-chine, chien couchant.

---

gn-an gnan, gn-in gnin.

Ognon, magnin, pignon, chi-
gnon, Agnan, mignon, saignons,
enseignant, rechi-gnant, compagnons, guignon, Frontignan, Dra-
guignan, maquignon, accompagnons, répugnance, atteignons,
Avignon, accompagnons, Clignancourt, Bourguignons.

Allons, mes amis, dépêchons-nous, tâchons d'arriver; atteignons la fin de notre cours. Nous marchons bien lentement; car il y a long-temps que nous cher-chons le terme, sans que nous y attei-gnions encore. Cependant il est désormais assez prochain, et si en marchant aussi lentement nous sommes arrivés jusqu'ici, nous aurions eu bien du guignon de n'être pas déjà arrivés si nous n'eussions pas montré tant de répu-gnance, et si nous n'eussions pas lu si souvent en rechi-gnant et en pleurnichant. A présent, il n'y a plus à marchan-der, il faut changer de conduite : craignons d'arriver trop tard, et regagnons le temps perdu.

Tâchons d'imiter notre compa-

gnon Agnan de Clignancourt, qui est
si avancé. Chaque jour en se couchant il répétait ses leçons, et le
lendemain, il ne sortait jamais de
sa chambre qu'il ne les eût encore
repassées. A cinq ans il lisait déjà
si joliment que chacun en était en-
chanté. Sa cousine Fanchon avait
acheté une de ces méchantes chan-
sons que l'on vend dans les rues ;
mais ne sachant pas lire, elle ne pouvait la déchif-frer. Cela la cha-grinait,
car on lui avait dit que cette chan-
son était charmante ; elle chan-gea
bien d'avis lorsque Agnan lui en eut
lu le refrain, qui était ainsi :

Y a de l'ognon. Y a de l'ognon,
de l'ognon, de l'ognette,
Y a de l'ognon.

## Les deux Chiens.

### Fable.

Deux jeunes chiens, frères ju-
meaux, se trouvaient dans la bou-
tique d'un marchand d'animaux.

Un aubergiste acheta l'un, l'autre échut à un chasseur. L'aubergiste donna au sien le nom de Mignon, et le plaça dans sa cuisine.
Là il eut pour compagnon un gros
chat qui ne songeait pas seulement
à donner la chasse aux souris. L'é-
ducation de Mignon fut ainsi aban-
donnée aux marmitons, qui ne s'en
occupèrent guère. Il devint pol-
tron et cagnard; il ne faisait que
rôder d'un lieu à un autre, léchant
par-ci par-là les plats et les assiettes,
ne sachant pas même chasser les

chiens et les chats étrangers qui venaient rogner sa pitance. Comme il était en même temps grognon et méchant, cela fit changer son joli nom de Mignon en celui de Lèche-frite.

Sachons maintenant ce que devint son frère, qu'un chasseur avait acheté. Celui-ci, bien résolu de tirer le meilleur parti possible de son jeune chien, qu'il appela Barbichon, l'éleva avec beaucoup d'attention : il lui fit d'abord gagner sa nourriture à chaque repas, en lui faisant rapporter le même morceau de pain ; tantôt l'attachant près de lui avec d'autres chiens, il plaçait leur dîner à une certaine distance, puis les lâchant tous ensemble, ils y couraient tous à l'envi l'un de l'autre. Le jeune Barbichon ne fut pas d'abord des plus heureux dans cette chance; mais son maître lui fit répéter cet exercice à part : cela le rendit si habile à la course, que gagnant bientôt tous ses compagnons de vitesse, il avait toujours la meilleure part.

On le dressa ensuite à chasser dans les champs et dans les montagnes les animaux les plus terribles. Tous ces travaux le fortifiaient singulièrement : il devint robuste et nerveux, plein de hardiesse et de courage, et il se signala un jour par une action digne d'être rapportée. Un gros ours, de ceux-là que l'on fait danser dans les rues, s'était échappé des mains de ses gardiens : il était furieux et farouche, et déchirait de ses griffes et de sa gueule tout ce qu'il rencontrait en son chemin, et chacun s'enfuyait à toutes jambes. Dans ce moment Barbichon arrive avec son maître; celui-ci ne lui eut pas plus tôt donné le signal de courir sur l'ours, que Barbichon s'élance, et ne crai-gnant ni les dents, ni les griffes de l'ennemi, il l'attaque avec acharnement, le terrasse et l'étrangle sur la place.

Cette prouesse lui fit beaucoup d'honneur; et les habitans, enchantés de son courage, ne le désignèrent plus que sous le nom illustre de Charlemagne.

Admirez, mes enfans, dans ces deux chiens, les effets des différentes éducations.

ch-au chau, ch-ou chou.

Chaux, chou, chaud, chaise, chaîne, fâcheux, chau-dron, chau-me, Michaud, cherchoit, séchoit, je cachai, je tâchai, chau-mière, enchaî-né, tu cachois, marcheur, marchait-il? fraîcheur, cherchaient-ils, marchait-on?

---

gn-oi gnoi, gn-eu gneu.

Agneau, craignais, hargneux, je saignai, il grognait, rogneux, régnait, désignais, j'enseignai, il lorgnait, ils grognaient, ils se plaignaient, seigneur, baigneur, craignait-on? désignait-il, qu'y gagnait-on? qu'y gagnaient-ils? monseigneur.

La petite Mignouval avait bien du chagrin ces jours derniers; et ce chagrin était d'autant plus grand qu'elle se reprochait d'en être elle-même la seule cause. Son papa lui avait donné un joli petit agneau plus blanc que neige, qu'elle chérissait comme ses yeux. Elle le peignait tous les matins, et lui donnait à manger des feuilles de choux et d'artichauts. Puis quand elle allait promener à la campagne, son petit agneau l'accompagnait toujours; mais elle l'attachait avec un ruban, tant elle craignait de le perdre; ainsi le petit agneau marchait derrière elle comme un petit chien, et désignait par ses bêlemens combien il avait de plaisir à suivre sa jeune maîtresse. Si par hasard la

pluie le baignait un peu, elle l'es-
suyait aussitôt, et le séchait avec un
linge chaud, tandis que l'agneau lui
léchait la main en signe d'amitié.

Qui aurait jamais pensé que la
petite Mignouval eût pu se détacher
d'un animal si intéressant ? c'est cependant ce qui arriva. Madame de
Pignai, sa marraine, observant combien elle s'attachait à son agneau,
crut lui faire un nouveau plaisir en
lui donnant aussi un petit caniche
à élever, dans l'opinion que l'un ne
ferait pas tort à l'autre. Cependant
le caniche ne tarda pas à absorber
toute l'attention de la jeune Mignouval. Dans les commencemens
l'agneau ne fut qu'un peu négligé,
mais peu à peu il fut tout-à-fait ou-
blié. Elle entra un matin dans le

2*

lieu où il couchait ; quelle fut alors sa douleur lorsqu'elle vit son agneau étendu par terre et prêt à expirer d'épuisement ! il ouvrit languissamment les yeux, qui lui reprochaient tendrement son cruel abandon ; car il y avait deux jours qu'elle ne daignait plus se souvenir de lui pour lui donner à manger. Cette vue fut un coup de foudre pour la petite fille ; elle s'indignait contre elle-même, elle poussait des gémissemens et pleurait à chaudes larmes ; mais tous ces pleurs qui bai-gnaient sa face, ne rappelèrent pas l'agneau à la vie, car il expira quelques momens après.

*Enfans, enfans, ne vous passionnez pas tant, et mettez plus de constance dans vos affections.*

# L'Épagneul et les Chirurgiens.

## Fable.

Un petit épagneul s'étant égaré, cherchait son maître de tous côtés. Après bien des courses inutiles, la pluie qui survint au moment où le soleil se couchait, et qui le baignait des pieds à la tête, l'obligea d'aller se cacher sur le devant de la porte cochère d'un riche seigneur, afin d'y être un peu plus chaudement, et d'éviter la fraîcheur de la nuit pendant la pluie.

Dans ce moment, quelques jeunes chirurgiens qui regagnaient leur maison, aperçurent le pauvre petit animal, qui grognait doucement et se plaignait en son langage de sa fâcheuse situation. Ils crurent donc

que c'était un chien abandonné , et
ils résolurent de l'emmener chez eux
pour faire sur son corps des expériences chirurgicales. Dans cette in-
tention ils s'approchèrent de lui,
et tandis que les uns feignaient de
le caresser , les autres l'attachaient
avec des cordes. Quand ils furent
ainsi maîtres de lui , ils le forcè-
rent rudement à les suivre , enchaî-
né comme un malheureux forçat.
Le pauvre épagneul, qui n'était pas
hargneux de son naturel, et qui
craignait encore de les irriter, marchait au milieu d'eux. Il ignorait
où on le conduisait , et , malgré sa
répugnance à suivre des étrangers,
il se résignait à tout.

Mais quand ils furent arrivés dans
la chambre , un certain air de mys-

tère qui régnait sur les visages in-
quiétait et effarouchait de plus en
plus le petit chien. A l'instant l'é-
pagneul se dressa sur ses pattes de
derrière, et il marchait ainsi par la
chambre ; puis il se couchait par
terre et feignait d'être mort ; puis se
relevant aussitôt, il sautait par-
dessus une chaise, puis il cherchait tantôt une chose et tantôt une
autre, et l'apportait à chacun d'eux :
il leur léchait les mains.

A tous ces tours, qui désignaient
assez que le petit épagneul avait
été bien élevé, le plus jeune des
chirurgiens s'écria : Mais, ce petit
animal est tout-à-fait gentil, et ce
serait une chose indigne de le faire
périr. Les autres furent du même
avis, et l'épagneul fut sauvé.

fe, *de même* phi.

fe, fa, fé, fi, fo, fu.

phe, pha, phé, phi, pho, phu.

Sofie, Josef, Filippe, Rafael, *prononcez de même* : Sophie, Joseph, phi-lippe, Raphael, Pamphile, Adolphe, phy-sique, Sympho-rien, Rodolphe, Daph-nis, paraphe, eu-phé-mie, pha-raon, triomphal, phi-losophie, phos-phore, phi-la-delphie, géographie, amphi-bie, or-phe-lin, paraphra-ser, phré-nesie, phleg-matique, éléphant, dauphin, siphon, Alphonse.

Les phoques sont des animaux amphi-bies ; ce qui veut dire que les pho-ques vivent dans l'eau et hors de l'eau, car c'est là le caractère des animaux amphi-bies.

**ph**
phé-nix

**ch**
cho-rus

**rh**
rhi-nocéros

**th**
ther-momêtre

**sh**
shall

**gh**
ghia-mala

Dubois. S.

Sophie et Euphé-mie ont étudié la géographie, et à force de travail elles ont triomphé des difficultés. Si on leur demande maintenant où est située la ville de phi-ladelphie, elles savent fort bien répondre que philadelphie est une belle ville de l'Amérique. Philadelphie a élevé un trophée en l'honneur du héros phi-lantrope du Nouveau Monde.

Ces jours derniers, Adolphe et Raphael qui ont fait, le premier un cours de physique, et le second un cours de pharmacie, ont bien surpris, par des expériences phosphoriques, leurs camarades phi-lippe, Joseph, Alphonse et Pamphile. Ils se trouvaient de nuit renfermés dans une chambre, n'ayant ni feu ni lumière. Sans faire tant de phrases et de périphrases , dit Raphael en apostrophant ses amis d'un air de triomphe , je parie allumer la chandelle sans sortir de la chambre. Alors tirant de sa poche une petite phiole, il la déboucha et l'approcha de la chandelle qui s'alluma à l'instant comme d'elle-même. C'est bien, dit Raphael d'un ton plus phlegmatique, mais je parie aussi allumer une pipe sans feu. Aussi-tôt dit, aussitôt il mit de l'anis dans une pipe , en y mêlant quelques grains de phosphore qu'il prit également d'une petite phiole ; puis , ayant porté la pipe à sa bouche, on en vit sortir la fumée. L'étonnement était peint sur la physionomie de Joseph, d'Alphonse , de Pamphile et de philippe, qui n'étaient pas physiciens.

ke, che, ch.

ke, ka, ké, ki, ko, ku.
che, cha, ché, chi, cho, chu.

Roc, pascal, corus, orkestre, *de même* : Roch, pas-chal, cho-rus, orchestre, Bac-chus, Zurich, Énoch, Baccha-nale, catéchu-mène, archié-piscopat, polytech-nique, Abime-lech, tech-nique, Melchi-sedech, Michel-Ange, chris-tophe, chris-tine, chré-tien, Jésus-christ, chla-mide, chlo-ris, chro-nologie, chro-nique, sépulchre, chœur, archange.

———

La petite Pulchérie, avec son frère Paschal, ont passé hier devant le palais archiépiscopal et devant l'école polytechnique, pour aller à l'église de Saint-Roch. Là ils se sont réunis aux autres petits catéchumènes, c'est-à-dire, aux enfans que l'on instruit dans la doctrine chrétienne. Ils ont vu ensuite les enfans de chœur qui chantaient dans une espèce d'orchestre, et ils ont fait chorus avec eux.

C'est Jésus-christ qui a établi le christianisme; et nous, qui professons cette sainte religion, nous sommes chrétiens. Long-temps avant la venue de Jésus-christ et avant l'établissement du christianisme, les hommes vertueux avaient des mœurs simples et patriarchales. Mais la plupart adoraient des divinités bizarres, et entre autres Bacchus. Ce Bacchus avait des prêtresses, nommées Bacchantes, qui célébraient ses fêtes appelées bacchanales.

re, *de même* rh.

re, ra, ré, ri, ro, ru.
rhe, rha, rhé, rhi, rho, rhu.

Rume, Rode, le Rin, rubarbe;
*prononcez de même :* rhume, rhode,
le rhin, rhu-barbe, rhabillé, rha-
gades, rhi-nocéros, l'île de rhé,
rhé-torique, le rhône, rhu-matisme,
enrhumé, rho-dolphe.

rho-dolphe, qui étudie la rhé-torique, qui a été se baigner dans le
rhin, et qui ne s'est pas prompte-
ment rhabillé, s'est bien fort enrhumé, et a eu des rha-gades sur
les lèvres; on lui a donné de la rhu-
barbe pour le guérir de son rhume,
et de la pommade pour faire passer
ses rhagades.

Le rhône et le rhin sont deux fleuves qui ont leurs sources dans les montagnes de la Suisse. Le rhin traverse une partie de l'Allemagne, et va se jeter dans l'Océan; le rhône traverse la France, et va se jeter dans la mer Méditerranée. Les rives du rhin, comme celles du rhône, produisent d'excellens vins.

Le rhinocéros est un animal sauvage et farouche; le rhinocéros est l'ennemi de l'éléphant. Ils se battent à outrance quand ils se rencontrent. Le rhinocéros attaque l'éléphant avec une corne placée au-dessus de son nez; l'éléphant se défend avec sa trompe; souvent l'éléphant et le rhinocéros périssent tous deux dans le combat.

te , *de même* th.

te , ta , té , ti , to , tu.
the , tha , thé , thi , tho , thu.

Du té, tèse, Marte, Tomas ; *pro-nonçez de même :* du thé , thèse , Marthe, tho-mas, thème, théodore, Agathe , Cathe-rine , Élisabeth , théâtre , Mathu-rin, Judith, théo-phile, Mathieu, ortho-graphe, am-phithéâtre, méthode, bibliothèque, Bethléem , Nazareth , théo-rème , ther-momètre, Béthu-lie.

Jésus de Nazareth est né à Bé-thléem dans une étable.

La célèbre Judith était une sainte veuve de la ville de Béthu-lie; Béthulie était assiégée par le général Holopherne ; Judith , par l'inspiration divine, passa au camp ennemi, et eut entrevue avec Holopherne ; et celui-ci s'étant enivré et endormi, Judith le tua, et Béthulie fut ainsi délivrée.

La petite Agathe avec son frère Mathurin, en cherchant dans la bibliothèque de M. Mathieu, leur papa, avaient trouvé un livre intitulé : Méthode théorique et pratique pour apprendre l'orthographe. Ne comprenant pas le sens des mots théorique et pratique, ils l'ont demandé à M. Mathieu. Celui-ci leur a dit que la théorie d'un art, d'une science, était la partie qui en exposait les règles et les principes, tandis que la pratique se bornait tout simplement à l'exécution.

Dubois. S.

## La Famille chrétienne.

Monsieur et Madame Théophile avaient quatre enfans, qu'ils élevaient bien chrétiennement. Ces enfans se nommaient Thomas, Rhodolphe, Scholastique et Thérèse. Ils les réunissaient souvent autour d'eux, et leur faisaient lire l'ancien testament, qu'ils leur faisaient ensuite répéter. Nous allons rapporter une de ces conférences.

M. Théophile : Thomas, dis-nous ce que tu sais de la création?

Thomas : Dieu créa d'abord la matière, mais elle ne formait qu'un chaos ; il y mit ensuite l'ordre que nous admirons en séparant les élémens. Ce fut aussi à cette époque qu'il créa le chœur des anges, des archanges , des séraphins et des chérubins.

M. Théophile : Cela est bien laconique et bien bref ; il faudra relire ce passage pour connaître mieux les détails. A ton tour, Rhodolphe : combien compte-t-on de patriarches depuis Adam jusqu'à Noé ?

Rhodolphe : On en compte dix, entre autres, Seth, Enoch, Mathusalem et Lamech.

M. Théophile : Comment s'appelaient les fils de Noé ?

Rhodolphe : Ils s'appelaient Sem, cham et Japhet.

Madame Théophile : C'est bien ; Scholastique va nous dire maintenant combien il y a eu de patriarches depuis Noé jusqu'à Abraham.

Scholastique : Il y en a eu également dix, au nombre desquels se trouvent Asphaxad, Phaleg, Nachor et Tharé, père d'Abraham, qui naquit en chaldée.

Madame Théophile : C'est maintenant au tour de la petite Thérèse : saura-t-elle nous dire quelque chose de Joseph ?

Thérèse : Joseph, fils de Jacob, et arrière-petit-fils d'Abraham, fut vendu par ses frères à des marchands étrangers, qui le vendirent à leur tour à un certain Putiphar, esclave de Pharaon, prince d'Egypte. Après bien des aventures merveilleuses qui lui arrivèrent par la protection de Dieu, il réunit en Egypte toute sa famille. Cette famille s'y multiplia, et fut le fondement de la nation juive, qui alla par la suite, sous la conduite de Moïse, conquérir la terre de chanaan, appelée la Terre promise.

Madame Théophile : Viens, ma petite Thérèse, que je t'embrasse ! C'en est assez pour le moment. Un autre jour nous parlerons de la ville de Jéricho, qui fut prise au son des trompettes; de Nabuchodonosor, qui fut changé en bête; du prince Antiochus, et des différentes familles des Machabées, si célèbres parmi les Juifs.

C'est ainsi que ces bons parens, inculquaient de bonne heure les premières vérités de notre sainte religion dans l'âme de leurs enfans : ceux-ci furent toujours dociles, et ils prospérèrent.

gue, *de même* gh.

gue, ga, gué, gui, go, gu.
ghe, gha, ghé, ghi, gho, ghu.

Guiamala, Guilan, Voguère, Pisiguitone, d'Enguien, etc. *Telle est l'orthographe française de ces mots étrangers ; mais on les trouve souvent écrits dans les livres avec leur orthographe étrangère. Ainsi, lisez de même :* ghia-mala, ghi-lan, Voghère, Pizighi-tone, d'Enghien, De-ghèn, Morghèn, ghèbres, ghiaours, ghi-vira, ghéron, ghérmes.

Voghère, Pizighitone, Vighière, ghivira, sont des villes d'Italie.

Morghen a été un grand musicien ; Morghèn a fait des airs qui se jouent à grand orchestre.

Le ghilan est une province de Perse; les ghèbres, les ghiaours et les ghiaberts sont des sectaires persans qui adorent le soleil et le feu.

Le ghiamala est un animal farouche presque aussi gros que l'éléphant. Le ghiamala a des bosses comme le chameau, avec de petites cornes.

L'aéronaute Deghèn n'a pu s'élever dans l'atmosphère : ce qui veut dire qu'un étranger appelé Deghèn, qui avait promis de voler en l'air, n'a pu y réussir.

Un duc d'Enghien a gagné une grande bataille à vingt-deux ans. C'est ce même duc d'Enghien qui fut connu depuis sous le nom de grand Condé.

che , *de même* ŝhe.

che, cha, ché, chi, cho, chu.
ŝhe, ŝha, ŝhé, ŝhi, ŝho, ŝhu.

Cheque, chapor , chacos, châle , chaffouse, chérif, etc. *Telle est aussi l'orthographe française de ces mots ; mais comme on les trouve également écrits avec leur orthographe propre , il convient de s'exercer à les lire de cette manière.* Ainsi *lisez de même :* ŝhéque, ŝhapor, ŝhacos, *ou* sĉhacos, ŝhâll, ŝhaffouse , ŝhérif, ŝhuderer, ŝhaster , ŝhapins, ŝhenon , ŝheik, ŝhilling, *ou* ŝhelling, *ou* schelling.

Les chefs des tribus arabes se nomment ŝheques. On appelle ŝha-cos une sorte de casque de soldat. ŝhapins est une île dans la mer d'Écosse. La plus grande rivière d'Irlande se nomme shenon *ou* shanon.

Un shérif, en Angleterre, est un officier civil, un magistrat ; il y a des shérifs à Londres.

shaffhouse *ou* schaffhouse est une ville de la Suisse.

Le shilling *ou* schelling est une pièce de monnaie anglaise.

Dans le Malabar, on nomme shuderers des prêtres subalternes. Les shuderers étudient le shaster, qui est un livre explicatif de leur religion.

*Nota.* Rien ne sera plus facile que de passer, si l'on veut, ces sortes de leçons , comme toutes celles qui dans le cours paraîtront ou trop peu utiles, ou trop difficiles, sauf à y revenir plus tard , *si l'on veut;* mais le cours ne serait pas complet si elles ne s'y trouvaient pas.

# Le Charlatan et les Ignorans.

*Galimatias amphigourique.*

Dans un village des montagnes du Dauphiné, un charlatan monté sur des planches arrangées en amphithéâtre, et se faisant annoncer par un orchestre capable d'écorcher les oreilles, cherchait à escroquer l'argent de ceux qui l'écoutaient. Il leur débitait pêle-mêle des phrases et des apophtegmes scientifiques, et se servait des termes techniques de physique, de géographie et de chirurgie, auxquels il ne comprenait rien lui-même, mais qu'il avait pillés dans quelques livres.

Messieurs, leur disait-il avec emphase, j'ai parcouru les quatre parties du monde, depuis le Kamtschatka jusqu'à la Cochinchine ; j'ai vu le Bosphore de Thrace ; j'ai passé par la ville de Shapor au Mogol, et je suis allé visiter le grand cham de Tartarie ; j'ai traversé la province de Ghilan, et j'ai été à Ghéron et à Ghermes. C'est là que j'ai connu les Rég-nicoles, qui portent le nom de Ghèbres, de Ghiaberts et de Ghiaours, qui sont ign-icoles, c'est-à-dire qui adorent le feu.

En Arabie, j'ai eu de fréquens entretiens avec les Shèques, chefs des tribus arabes. Dans le Malabar, j'ai parlé aux prêtres Shudérers, qui m'ont fait connaître leur livre sacré nommé Shaster.

Ensuite revenant par l'Égypte, un sheik m'en a fait connaître les mosquées ( églises du pays ). Je me suis

embarqué sur un schébec, et j'ai
abordé à Civita-Vecchia, près de
Rome. Remontant l'Italie, j'ai passé
par Ghera, Vighiéra, Voghère et
Pizzighitone, et je suis arrivé à
Schaffhouse en Suisse. Après cela,
poursuivant mon chemin par l'Allemagne, je me suis embarqué de
nouveau pour l'Irlande, où j'ai vu la
grande rivière de Shennon *ou* Shanon; j'ai voulu visiter l'Angleterre,
mais les shérifs, de la province
Shaftsbury, excités par les docteurs,
jaloux de ce que je gagnais plus
d'écus qu'eux de shellings, ont
voulu m'exiler à l'île de Shapin.
Échappé à la persécution de ces
shérifs, je viens vous apporter le
fruit de mon expérience, car vous
pensez bien qu'après tant de cour-

ses , je suis en possession de secrets
et de remèdes merveilleux.

Ainsi vos yeux sont-ils affligés
d'ophthalmie ou de chemosis , êtes-
vous sujet au choléra-morbus , au
chordaspe; prenez de mes remèdes,
et vous serez guéris. J'en ai pour le
phthiarasis et la phthisie , pour les
schirres et les enchyloses , pour les
phlogoses, les phlegmons et les
phlictènes. Je sais phlébotomiser les
phrénétiques , et donner du ton aux
tempéramens phlegmatiques.

Les pauvres gens écoutaient bouche béante tout ce galimatias, et re-
gardaient le charlatan comme un
phénix; la plupart achetèrent de ses
drogues sophistiquées; et celui-ci se
hâta de gagner le large pour aller
chercher ailleurs d'autres dupes.

Nous avons vu dans cette classe comment *gn* se prononce généralement en français : *signal*, *peigner*. Il est cependant des mots rares où le *g* a le son de *gue*, et se prononce séparément de l'*n*. Tels sont : *gnome*, *gnomon*, *ig-né*, *ig-nition*, *ig-nicole*, *reg-nicole*, *diag-nostique*, *inexpug-nable*, *stag-nation*, *in-cog-nito*, *prog-né*, *mag-nétisme*, *mag-nétique*, etc. On peut dire cependant : *sta-gnant*, *ma-gnétisme*, *ma-gnétique*.

Autres syllabes omises ; lisez : *opiome*, *méconiome*, *laudanome*, *muséome*, *sternome*, *scrotome*, *maximome*, bataille *d'Actiome*, etc. Prononcez de même : *opium*, *méconium*, *laudanum*, *muséum*, *sternum*, *scrotum*, *maximum*, bataille *d'Actium*, etc.

Autres syllabes ; lisez : *écuménique*, *édémateux*, *ésophage*, *énologie*, etc., et prononcez de même : *œcuménique* : *œdémateux*, *œsophage*, *œnologie*, etc.

## Suite d'Alexina.

Un jour donc qu'Alexina était sortie au soleil couchant, pour prendre le frais dans un petit jardin qu'elle avait établi avec sa mère au pignon de leur chaumière, elle vit par terre une chauve-souris malade et souffrante. Celle-ci saignait à l'aile, et cherchait à s'échapper ; mais à peine elle pouvait se traîner. Quelque dégoût qu'Alexina ressentît à l'aspect d'un animal si hideux, la pitié l'emporta sur sa répugnance ; elle ne dédaigna pas de l'envelopper dans son fichu, la porta chez elle, la réchauffa, lui donna du lait dans une tasse à thé, et réussit enfin à lui rendre la santé. Dès qu'elle la vit bien rétablie, elle ouvrit la fenêtre pour lui laisser prendre sa volée. La chauve-souris ne tarda pas à en profiter, et au moment où elle s'élevait dans l'air, Alexina entendit distinctement ces paroles, comme si elles avaient été proférées par un écho : *Première condition remplie.* Ce ne fut pas tout, au lieu de continuer à filer un fil de chanvre ou de lin....

(*La suite, page 33 de la sixième Classe.*)

FIN DE LA CINQUIÈME CLASSE.

IMPRIMERIE DE BRUN, RUE DE RACINE, N° 4.

www.ingramcontent.com/pod-product-compliance
Lightning Source LLC
LaVergne TN
LVHW020041090426
835510LV00039B/1359